ANDREA

IL CIELO RUBATO

Dossier Renoir

A cura di: Lisbeth Thybo
Illustrazioni: Karen Borch

Dossier, raccolta di documenti

EDIZIONE SEMPLIFICATA AD USO
SCOLASTICO E AUTODIDATTICO

Le strutture ed i vocaboli usati in questa
edizione sono tra i più comuni della lingua italiana e sono stati scelti in base ad
una comparazione tra le seguenti opere:
Bartolini, Tagliavini, Zampolli – Lessico di
frequenza della lingua italiana comtempo-
ranea. Consiglio D'Europa – Livello soglia,
Brambilla e Crotti – Buongiorno! (Klett),
Das VHS Zertifikat, Cremona e altri – Buongiorno Italia! (BBC), Katerinov e Boriosi
Katerinov – Lingua e vita d'Italia (Ed. Scol.
Bruno Mondadori).

Redatore: Ulla Malmmose

Design della copertina: Mette Plesner

ISBN Danimarca 978-87-23-90752-3
www.easyreaders.eu
The CEFR levels stated on the back of the book
are approximate levels.

Easy Readers

EGMONT

Stampato in Danimarca da
Sangill Grafisk, Holme Olstrup

ANDREA CAMILLERI

Andrea Camilleri, il più importante scrittore italiano vivente, è nato in Sicilia nel 1925, a Porto Empedocle (Agrigento). Vive da molti anni a Roma. Ha lavorato a lungo alla RAI-RadioTelevisione Italiana curando anche la sceneggiatura e la regia di fortunate serie poliziesche televisive come "Il tenente Sheridan", "Le avventure di Laura Storm" e "Il commissario Maigret" con Gino Cervi. Ha poi collaborato ai molti film dedicati al suo più famoso personaggio, il commissario Montalbano. Dal 1977 al 1997 ha insegnato presso l'Accademia Nazionale d'Arte Drammatica.

Dal mondo di Vigàta, città immaginaria teatro delle indagini di Montalbano, si apre una vista sui casi della vita di tutti. Per questo i libri di Camilleri, tradotti anche in molti paesi esteri, occupano sempre la top ten dei libri più venduti.

Oltre ai libri polizieschi, Camilleri è autore di moltissimi romanzi e scritti, sempre a metà strada fra invenzione e analisi sociale. Tra questi: *Un filo di fumo*, *La stagione della caccia*, *Il birraio di Preston*, *La concessione del telefono*, *La mossa del cavallo*, *Il cielo rubato*, *Il casellante*, *Il nipote del Negus*. È anche autore di romanzi storici, come *Il re di Girgenti*, *Caravaggio. Il colore del sole*.

Tra i romanzi con Montalbano i più famosi restano *La forma dell'acqua*, *La pazienza del ragno*, *La luna di carta*, *La vampa d'agosto*, *Il campo del vasaio*, *Il cane di terracotta*, *Gita a Tindari*, *Il sorriso di Angelica*.

Ha vinto premi letterari in Italia e all'estero. I suoi libri sono venduti in oltre 10 milioni di copie.

Gent.ma Signora
Alma Corradi
Piazza Xxxxx,2
Roma

Agrigento, 23 dicembre 1999 5

Gentile Signora,
mi permetta di dirle che considero la sua lettera come
il più bel regalo di Natale che mai potessi immaginare.

E per l'avermi riportato ai tempi della mia *gioventù* 10
oramai da gran tempo dimenticata.

Lei dunque mi comunica d'avere scoperto su di
una *bancarella* di libri usati un mio *volumetto*
stampato nel 1960 e non solo l'ha comprato e letto

bancarella

gioventù, età compresa fra i 20 e i 40 anni
volumetto, piccolo libro
stampare, pubblicare

5

ma me ne scrive in termini assolutamente *lusin-ghieri*.

Come lei comprenderà, la cosa mi ha fatto molto piacere.

Lei mi chiede come mai io sia stato il primo in assoluto a sostenere che in due *affreschi* della chiesa di Capistrano (Catanzano) sia di certo intervenuta la mano di *Pierre-Aguste Renoir*.

Lei, generosamente, parla di una mia "profondissima conoscenza del mondo *pittorico* del Maestro dell'*Impressionismo*".

Infatti, è quello che io lasci credere nel mio libretto.

Ma ora, arrivato all'inizio della vecchiaia o meglio, a vecchiaia già iniziata, mi sento di poterle dire tutta la verità.

La mia nonna, alla quale ero molto *affezionato*, era nata proprio a Capistrano nel 1874, figlia di un *muratore*.

muratore

Quindi aveva 7 anni quando vi arrivò il Maestro.

Nella sua memoria di bambina era rimasta impressa la figura di un pittore francese, che lei

---

lusinghiero, piacevole
affresco, dipinto su muro
Pierre-Aguste Renoir, nome del famoso pittore francese 1841-1919
Impressionismo, scuola di pittori francesi della fine dell'Ottocento
affezionato, chi vuole bene a qualcuno

chiamava il signor Renuà, il quale visto che gli affreschi della chiesa locale si stavano distruggendo, decise in qualche modo d'arrestarne la rovina operando un *rifacimento*.

Per far ciò, si servì dei normalissimi colori usati dai muratori per dipingere le pareti e a fornirglieli fu proprio il padre di mia nonna. La quale ricorda di avere accompagnato suo padre (era il primo viaggio che faceva) in un paese vicino dove, da un amico muratore, egli fece *rifornimento* di un particolare colore azzurro, che a lui era venuto a mancare per il grande uso che ne faceva il pittore francese.

Il volumetto quindi non è stato il frutto di attente ricerche, come ho lasciato credere, bensì di un racconto di mia nonna.

A me bastò inoltre una breve visita alla chiesa per avere la conferma di tutto. Il viso dell'angelo nel *"Battesimo di Gesù"* è quello di Aline Charigot, moglie di Renoir.

Tre anni dopo l'uscita del mio volumetto, passato del tutto sotto silenzio, in Italia veniva *pubblicato* la

Battesimo di Gesù

---

rifacimento, restauro, lavori fatti di nuovo per migliorare
rifornimento, l'aggiungere qualcosa a ciò che è quasi finito
azzurro, il colore del cielo illuminato dal sole
pubblicare, fare uscire un libro

traduzione della biografia che Jean Renoir, aveva dedicato a suo padre.

In essa, come ricorderà, a proposito di questi affreschi, Jean dice che suo padre li "rifece".

5 Verbo che mi pare assai importante perché significa, che Renoir ripassò il colore cancellato *ove* necessario.

Circa la località (Pierre-Auguste dice al figlio che si trattava di un piccolo paese di montagna, senza farne 10 nome), non credo possano esistere dubbi che sia proprio Capistrano.

Tutto sommato, questi affreschi non hanno a mio parere alcun valore.

Gentile Signora, le sono *grato* per la sua lettera.

15 La ringrazio ancora e le auguro buon Natale e un felice anno nuovo.

Suo

Michele Riotta

Gent.ma Signora
20 Alma Corradi
Piazza Xxxxx,2
Roma

Agrigento, 24 dicembre 1999

Gentile Signora,
25 subito dopo avere *imbucato* la mia lettera, mi sono ricordato, che esiste un vecchio standard musicale

---

ove, se
grato, colui che ringrazia
imbucare, spedire una lettera

8

americano che si *intitola* "Quando tornano le *rondi-ni* a Capistrano".

Non credo che lei lo conosca.

Ad ogni modo, desidero dirle che la sua lettera ha fatto tornare le rondini nella "mia" Capistrano. 5

Le sono gratissimo per la sua gentile attenzione.

Suo

Michele Riotta

P.S.

Preso da un dubbio, sono andato a controllare. Mi 10 stavo sbagliando.

La canzone americana, si intitola esattamente: "Quando tornano le rondini a Capestrano". Che è un paese in provincia di Aquila.

La memoria comincia a fare scherzi. 15

Comunque, a Capestrano o a Capistrano, è lo stesso: le rondini sono tornate.

M.R.

***

rondine

tempio

---

intitolarsi, avere un nome (titolo)

Gent.ma Signora
Alma Corradi
Grand Hotel Xxxxx
Cortina d'Ampezzo

Gentile Signora,
spero che questa mia le arrivi entro l'8, giorno nel quale, come mi fa sapere nella sua lettera, lascerà Cortina.

10   Le dico, in tutta sincerità, che non mi aspettavo più altre notizie da lei.

E questo pensiero mi dispiaceva.

Ero sicuro, infatti, d'avere soddisfatto la sua curiosità circa i miei studi (!) su Renoir.

15   Lei ora mi chiede, con estrema *cortesia* ma anche con un interesse che mi *commuove* perché io non sia mai intervenuto nel *dibattito* seguito alla pubblicazione del libro di Jean Renoir su suo padre, *relativamente* al soggiorno calabrese del pittore e ai famosi 20 (si fa per dire) affreschi della chiesa di Capistrano.

Questa biografia è scritta da un grandissimo *artista*, Jean, un Maestro del cinema, ed è dedicata al padre, Pierre Auguste, il Maestro dell'Impressionismo.

Che intendo dire con ciò?

25   Gli artisti non sono mai *rigorosi biografi* nemmeno

---

cortesia, gentilezza
commuovere, essere quasi sul punto di piangere
dibattito, discussione tra più persone
relativamente, che si riferisce a qualcosa
artista, uomo/donna che usa la fantasia per creare cose belle
rigoroso, qui: preciso
biografo, colui che scrive la storia della vita di un altro

cavalletto

tela

di se stessi e figurarsi poi quando i fatti riguardano persone per le quali essi nutrono affetto o amore!

Alcuni episodi, come quello delle contadine calabresi che, dentro un fiume in piena (Addirittura!), si passano allegramente di mano in mano Renoir, il *cavalletto* e le *tele*, mi sembrano frutto di pura fantasia.

Le dirò dunque che ho attentamente letto gli articoli di tanti altri che sostengono di vedere l'*impronta* dei colori Renoir in quegli affreschi.

Come vede, mi sono tenuto sempre informato.

Il motivo per cui non sono mai intervenuto nel dibattito è assai semplice. Perché avevo in realtà detto tutto quello che sapevo in proposito nel mio volumetto del 1960. Che, lo avrà notato, nessuno si è mai *degnato* di *citare*.

Perché? Le risposte possibili sono due.

La prima è che quel libretto non abbia alcun valore, anche se ha il merito di avere fatto per primo il nome di Renoir.

La seconda è che non ne conoscono l'esistenza.

Lei, gentile Signora, a quanto pare, è l'unica a fare *eccezione*.

Quel volumetto, torno a ripeterglielo, è stato un "mio primo, giovanile errore".

Primo ed ultimo, dato che in seguito non ho più pubblicato altro.

No, qualche scritto mio è uscito sulla rivista nazio-

---

cavaletto, tela, vedi illustrazione, pag. 11
impronta, traccia lasciata dalle mani, dalle scarpe ecc.
degnarsi, decidere di fare qualcosa
citare, fare riferimento a qualcosa o a qualcuno
eccezione, il contrario della regola

nale dei *notai*.

Lo sapeva che faccio, fortunatamente ancora per poco, il notaio?

Vedovo e senza figli, spero di potermi ritirare presto dalla professione (lascio lo studio a mio *nipote*) e 5 andarmene a vivere nella mia casa di campagna con splendida vista sul *tempio della Concordia*.

Non le nascondo che averla conosciuta, anche se non di persona, mi ha fatto molto piacere.

Torno ad augurarle un felice anno nuovo. 10
Suo

Michele Riotta

Gent.ma Signora
Alma Corradi
c/o Xxxxx 15
231, rue Xxxxx
Paris (France)

Agrigento, 20 gennaio 2000

Gentilissima,
grazie della bellissima cartolina con la *riproduzione* 20 di Renoir.

Non sono mai stato a Parigi e penso che non avrò mai più l'occasione di visitarla.

Goda del piacere di trovarsi in una città di sogno e

---

notaio, professionista che rende validi con la sua firma le decisioni prese da altri
vedovo, marito che ha perso la moglie
nipote, figlio di un fratello/una sorella del padre o della madre; figlio del figlio
tempio della Concordia, vedi illustrazione, pag. 9
riproduzione, quadro stampato su carta

mi dedichi un pezzetto (piccolissimo) del suo piacere.

Michele Riotta

Gent.ma Signora
5 Alma Corradi
c/o Xxxxx
231, rue Xxxxx
Paris (France)

Agrigento, 25 gennaio 2000

10 Gentilissima,
ma quanto viaggia lei!
    Io invece sono anni e anni che praticamente non
mi muovo più da Agrigento.
    Cara amica, lei con estrema cortesia, ha colto al
15 volo il mio *rincrescimento* per non avere avuto la
possibilità di conoscerla di persona e ha voluto *colmare* questo vuoto *inviandomi* una sua foto dell'esta-
te scorsa all'interno di un *capanno* sulla spiaggia di
Saint-Tropez.
20   A vederla, lo confesso, ho avuto un colpo al cuore
e mi è venuto a mancare il fiato.
    Lo sa che lei non può permettersi il lusso di inviare
a qualcuno che non ha la fortuna di conoscerla una
sua foto senza avvertirlo del rischio d'*infarto* che cor-
25 re?

---

rincrescimento, dispiacere   *regret*
colmare, riempire
inviare, mandare
infarto, malattia improvvisa del cuore

capanno

Uno scherzo simile dovrebbe esserle proibito per legge.

Che dire della sua bellezza?

Bisognerebbe essere poeti per poterla cantare come essa merita. 5

Purtroppo io non ho mai scritto un verso in vita mia, nemmeno quando ero giovane e innamorato.

Le confesserò a questo proposito che la mia povera moglie, scherzando, ma non so fino a che punto, soleva dirmi che io ero nato notaio. 10

Lei, ma questo lo sa benissimo, assomiglia alla donna *raffigurata* nel quadro del 1910, ora conserva-

---

| *raffigurare*, rappresentare una figura

to nel Museu de Arte de São Paulo, che Renoir intito-
lò "Bagnante che si asciuga la gamba destra".

Ed ha di proposito voluto assumere la stessa, esatta
posizione della bagnante.

5   Però mi sono subito consolato al pensiero di non
essere suo marito: siciliano geloso come sono.

Sto scherzando, mi scusi.

E mi scusi anche se non mi sogno nemmeno lonta-
namente di rispondere al suo invito di inviare una
10 mia foto.

Stavolta è lei a scherzare.

Che se ne fa dell'immagine di un vecchio?

Voglia invece gradire, carissima amica, i miei più
vivi complimenti.

15 E si conservi come un oggetto prezioso: essere bellissima, intelligente e amante dell'arte è cosa assai
rara dei giorni nostri.

Suo

Michele Riotta

20 P.S.

Lei certamente non me lo perdonerà, ma io ho appena finito di bruciare la sua foto.

Se l'avessi conservata, non avrei saputo resistere a
guardarla ogni giorno e mi sarei sentito ridicolo come
25 uno dei vecchioni che *spiavano* Susanna.

Mi perdoni, se può.

M.R.

---

raro, che non si trova facilmente
spiare, ascoltare o guardare altri di nascosto

Gent.ma Signora
Alma Corradi
c/o Xxxxx
231, rue Xxxxx
Paris (France) ⁵
Agrigento, 10 febbraio 2000

Carissima amica,
In risposta alla mia, lei cortesemente mi *precisa* che a parte il fatto che non avrebbe mai sposato un siciliano e per di più geloso, ha avuto per due anni, dai diciotto ai venti, un noiosissimo marito svizzero dal quale ha *divorziato*.

Lei *accenna* al fatto che forse un nostro eventuale incontro potrebbe risultare piacevole.

Non ne metto in dubbio, per quanto mi riguarda, la sicura piacevolezza. Per quanto riguarda lei, sono al contrario convinto che dopo pochissimo lei finirebbe con l'annoiarsi a morte di me.

Veramente *eccessiva* è la differenza d'età tra noi due.

Finirei col sentirmi, accanto a lei, un po' come un padre e quindi diventerei preoccupato, insomma meno che divertente.

Sono incertezze e dubbi propri dell'età.

Ad ogni modo, m'abbandono a quello che lei vorrà decidere. Le lascio l'ultima parola in questo *gioco d'azzardo*.

---

precisare, dare un chiarimento su qualcosa
divorziare, rompere il matrimonio
accennare, dare una breve informazione su qualcosa/qualcuno
eccessivo, troppo
gioco d'azzardo, giocare per un premio in denaro

Lei mi domanda se potrei fare il viaggio Agrigento-Palermo.

Le rispondo subito di sì, dato che a Palermo sono costretto ad andare mensilmente. L'albergo nel quale abitualmente scendo è lo storico Hotel des Palmes, lo stesso dove, nel 1881, Renoir fece in trentacinque minuti il ritratto a Wagner.

Lo so bene che a leggere queste ultime righe lei si lascerà prendere dall'entusiasmo e mi proporrà d'incontrarci lì.

Io invece sono assai meno entusiasta d'incontrarla per la prima volta in un albergo.

Perché non viene lei ad Agrigento?

Manderei una macchina a prenderla a Catania o a Palermo, basterà che mi faccia sapere, anche il giorno avanti, in quale aeroporto il suo aereo *atterrerà*.

Qua da me, potrebbe trattenersi per tutto il tempo che vorrà, dividendosi tra la mia casa di città e quella di campagna.

Lei guida? Se sì, posso darle una delle due mie macchine. Se non guida, le metto a disposizione un *autista*.

Come le ho detto, vivo da solo.

Badano a me una cameriera-*cuoca* nella casa di città e una contadina-cuoca in quella di campagna.

Lei potrebbe visitare Agrigento (ha un bel museo, sa?) e i Templi a suo piacimento mentre io sarei occupato nel mio studio.

La sera potremmo andare a cena in qualche paese di mare dove si mangia del pesce freschissimo.

atterrare, arrivare a terra
autista, colui che guida
cuoco, colui che cucina, prepara cibi

Che ne dice? Mi faccia sapere presto.
Suo

Michele Riotta

P.S.
Lei dice d'avermi perdonato per aver bruciato la sua 5
foto. E mi promette che, quando tornerà a casa sua
(ma dove abita? Non me l'ha mai detto) mi farà avere la foto del ritratto che le fece *Guttuso* a Velate
quando lei era sposata con lo svizzero.

M.R. 10

Gent.ma Signora
Alma Corradi
Via Xxxxx, 18
Bologna

Agrigento, 1 marzo 2000 15

Cara amica,
la mia *delusione* nell'apprendere che i suoi impegni
non le consentano di *effettuare* a breve la desiderata
(almeno da me, moltissimo) visita ad Agrigento è
solo in parte *compensata* dalla foto del bellissimo 20
ritratto fattole da Guttuso! Mai esposto in nessuna
mostra.

Guttuso, Renato Guttuso (1911-1987), famoso pittore siciliano del
Novecento
delusione, il rimanere male
effettuare, fare
compensare, dare qualcosa in cambio di qualcos'altro

La ringrazio dal profondo del cuore per questo suo immenso regalo.

Suo

Michele Riotta

P.S.

Lei mi ha scritto che m'avrebbe inviato il ritratto quando sarebbe tornato a casa.

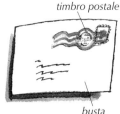

timbro postale

busta

Dato che il *timbro postale* sulla *busta* reca la scritta Bologna, posso quindi presumere che la sua *abitazione* sia in quella città?

Mi sto *rendendo* sempre più *conto* della natura misteriosa della sua esistenza.

Lei mi ha fatto diventare molto curioso, almeno per tutto ciò che la riguarda.

Prima le assicuro che non lo ero.

Di cosa si occupa?

Quali sono i suoi interessi, a parte quelli artistici?

Conosco il suo corpo, purtroppo solo attraverso la foto da bagnante e il ritratto di Guttuso, ma sono tenuto completamente all'oscuro di tutto il resto.

Lo fa apposta?

E se sì, per quale motivo?

Mentre scrivo, m'accorgo che lei non mi ha mai dato nemmeno un suo *recapito* telefonico.

Non vuole che io senta la sua voce?

---

abitazione, casa, luogo dove si vive
rendersi conto, capire
recapito, indirizzo di dove si vive

Io lo desidero tanto e quindi le scrivo il mio numero di casa di Agrigento dove mi potrà quasi sempre trovare dalle otto di sera in poi: 0922 / 232112.

Ho da farle una rivelazione: la sua dolcissima voce l'ho già sentita.

L'altra notte l'ho sognata.

Eravamo noi due soli dentro il capanno di Saint-Tropez.

L'*emozione* di sentire la sua voce è stata così forte da svegliarmi.

M.R.

Gent.ma Signora
Alma Corradi
Albergo Xxxxx
Firenze

Agrigento, 20 marzo 2000

Amica mia carissima,
ho atteso tutti questi giorni una sua chiamata telefonica che non mi è mai arrivata.

Ora lei mi spiega che *detesta* il telefono e che l'*adopera* solo per stretta necessità di servizio.

E che con una persona che le è cara preferisce parlare direttamente, guardandola negli occhi.

Mi sento un poco consolato dalla spiegazione.

Rispondo a quello che mi chiede circa la visita di Renoir a Girgenti (che è l'antico nome di Agrigento).

emozione, grande sorpresa, piacere
detestare, odiare
adoperare, usare

Lei si domanda, e mi domanda, come mai io non mi sia occupato del *supposto* soggiorno girgentano del Maestro. Semplicemente perché non credo a quanto scrive Jean su questo viaggio.

5 Certo, quando mi sono stabilito ad Agrigento che avevo trent'anni, ricordandomi di quelle pagine, ho fatto più di qualche domanda in giro.

Ricevetti solamente risposte negative, nessuno sapeva niente su una visita di Renoir alla nostra città.

10 No, amica mia carissima, sono più che certo che quella visita non c'è mai stata.

Possibile che i suoi impegni non le lascino spazio per un fine settimana?

Posso sempre sperare?

15 Suo

Michele Riotta

Gent.ma Signora
Alma Corradi
Via Xxxxx, 18
20 Bologna

Agrigento, 3 aprile 2000

Cara amica,
se rispondo alla sua lettera è solo per non spezzare il *tenuissimo* filo che mi lega a lei.

25 Non capisco come faccia a sostenere che io le mentisca a proposito della visita girgentana di Renoir e di sua moglie.

---

supporre, immaginare una cosa che potrebbe accadere
tenue, leggero

La sua *affermazione* mi ha profondamente offeso.

Jean scrisse: "Mio padre voleva che sua moglie *condividesse* con lui l'entusiasmo per l'Italia.

Visitarono la Sicilia. Renoir perse il *portafogli*, e mentre attendevano che *Durand-Ruel* li rifornisse, vissero presso dei contadini vicino ad Agrigento".

Partiamo dal fatto che Jean afferma che suo padre, avendo perduto il portafogli, scrisse da

portafogli

Girgenti a Durand-Ruel, chiedendogli del denaro.

La *corrispondenza* tra Renoir e Durand-Ruel, che copre gli anni che vanno dal 1881 al 1919, è stata pubblicata nel 1995, in due volumi.

Ebbene, in nessuno dei due volumi si trova una lettera di Renoir proveniente da Girgenti.

Si potrebbe allora avanzare l'*ipotesi* che il viaggio a Girgenti sia avvenuto prima del 1881?

Fino al 1881, questo è certo, Renoir non fa nessun viaggio fuori dai confini della Francia.

A fine ottobre del 1881 fa il suo primo viaggio in Italia. Tocca Roma, Venezia, Padova, Firenze, Napoli e, ai primi di dicembre, parte per la Calabria. Negli ultimi giorni di dicembre lo troviamo a Capri, dove l'ha raggiunto Aline. Ai primi di gennaio del 1882, suo fratello

---

affermazione, dichiarazione
condividere, dividere qualcosa con qualcuno
Durand-Ruel, Paul Durand-Ruel (1831-1922), famoso amico di pittori e collezionista d'arte della Francia dell'Ottocento
corrispondenza, raccolta di lettere spedite e ricevute
ipotesi, idea da dimostrare

gli *suggerisce* di andare a Palermo per incontrare Wagner che si trova lì. Va a Palermo, visita Monreale, il 14 incontra Wagner all'Hotel des Palmes, il 15 gli fa il ritratto, il 17 lo ritroviamo a Napoli dalla sua Aline.

5 Il 17 stesso scrive a Durand-Ruel perché gli faccia trovare del denaro a Marsiglia, e riparte per la Francia il giorno dopo.

Mi pare risulti chiarissimo che non ha avuto il tempo per fare una gita abbastanza lunga a Girgenti.

10 Andiamo avanti.

Sempre nello stesso anno, il 1882, dietro consiglio del suo medico, si reca in Algeria per curarsi.

Ha in programma di trattenersi quindici giorni invece ci resta sei settimane.

15 In Italia tornerà per l'ultima volta nel 1883.

Bisognerà, mia carissima amica, che lei *si arrenda* davanti a dei semplici dati di fatto.

A questo punto non le resta che una sola cosa da fare.

20 Venire al più presto a *ritrattare* di persona.

Ci conto.

Suo

Michele Riotta

***

25 Gent.ma Signora
Alma Corradi
Hotel Xxxxx
Venezia

suggerire, consigliare
arrendersi, riconoscere di essere in una condizione inferiore
ritrattare, dire che una cosa detta non è vera

Agrigento, 14 aprile 2000

Amica mia,
sono veramente felice d'averla del tutto convinta
circa il non avvenuto viaggio di Renoir a Girgenti.

Mi scrive d'avere conosciuto, a Venezia, un mio ex 5
cliente (del quale però non fa il nome) che si *affretta*
a riferirle un vecchio e volgare *pettegolezzo* che corre su di me a Girgenti.

Vuole avere la cortesia di riferirmi esattamente
quello che le è stato detto dal mio ex cliente? 10

Potrei così dirle come sono andate veramente le
cose.

Lei mi chiede di spiegarle cosa sia esattamente, nel
nostro *dialetto*, una "trovatura".

Sarei rimasto sorpreso della domanda se non aves- 15
si capito subito che una curiosità simile non può es-
serla *sorta* che in seguito al racconto fattole dal mio
ex cliente.

Per ora, mi limito alla spiegazione che mi ha chie-
sto. 20

Nell'*immaginario collettivo* delle nostre campagne,
la "trovatura" è un tesoro che un povero contadino
trova nel terreno, tesoro che gli cambia l'esistenza
facendolo diventare ricco.

Quasi sempre il tesoro si trova all'interno di una 25
grotta.

---

affrettarsi, fare presto
pettegolezzo, il parlare male di qualcuno
dialetto, modo di parlare di una regione
sorgere, qui: nascere, venire
immaginario collettivo, idea nata dalla fantasia di tutti
grotta, vedi illustrazione, pag. 26

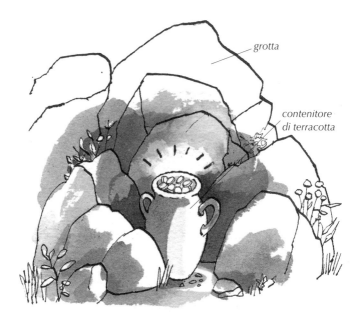

grotta

contenitore
di terracotta

Di solito la trovatura consiste in alcuni *contenitori di terracotta* stracolmi di monete d'oro.

Le porto un esempio, così capirà meglio.

Lavorando attorno agli affreschi di Renoir a Capistrano, m'è capitato, sia pure troppi anni dopo, d'*imbattermi* in una trovatura.

Lei.

Proprio non ce la fa a telefonarmi?

Ardo dal desiderio di sentire la sua voce.

Mi consolo tirando fuori ogni tanto il suo ritratto e perdendomi in esso.

Suo

Michele Riotta

***

imbattersi, incontrare qualcuno all'improvviso
ardere, bruciare

26

Gent.ma Signora
Alma Corradi
Hotel Xxxxx
Venezia

Agrigento, 26 aprile 2000 ₅

Amica mia,
grazie per avere risposto alla mia domanda.

In poche parole, il mio ex cliente le avrebbe rac-contato che io venuto a sapere che nella Valle dei Templi c'era un *appezzamento* che conteneva una "trovatura".

Le dirò subito che è assolutamente vero, che io quei due *ettari* di terreno, li ho comprati.

E non a due soldi, ma pagandoli almeno tre volte il loro valore.

Ma dopo averli comprati a caro prezzo, li ho la-sciati così come li avevo trovati.

Quando mi darà la grande gioia di una sua visita, la porterò sul posto.

Secondo me, a dare la *stura* alla *leggenda* è stato il fatto che io abbia consegnato al contadino una som-ma di gran lunga superiore al valore del terreno.

"Se il notaio che non fa mai spese inutili l'ha paga-to così tanto" – si sono detti i miei cari concittadini – "vuol dire che lì c'è qualcosa che deve avere un valore enorme."

---

appezzamento, pezzo di terreno
ettaro, misura di terreno corrispondente ad un quadrato di 100metri lato
stura, inizio di qualcosa
leggenda, storia nata dalla fantasia

Il contadino, che io conoscevo da tempo e il cui nome era Angelo Vaccaro, aveva un figlio che lavorava in Germania, Gerlando, sposato con una tedesca e padre di due figli piccoli.

5   Un giorno venni a sapere che Angelo voleva vendere i due ettari e la casetta.

Conoscendo quanto fosse attaccato alla sua terra, *mi meravigliai* e appena l'incontrai gliene domandai la ragione.

10 Mi spiegò che, sentendo avvicinarsi la fine della sua vita, avrebbe voluto andarsene in Germania per morire accanto all'unico figlio.

Ma temeva, una volta là, di essergli di peso, dato che col poco denaro dalla vendita avrebbe potuto 15 pagarsi il viaggio e sopravvivere qualche mese.

Mosso a pietà, gli dissi che il terreno glielo avrei comprato io in modo da permettergli di vivere qualche anno in Germania senza preoccupazioni.

Questo è tutto.

20 Alma bellissima,
Alma dolcissima,
signora del mio cielo,
fammi sentire la tua voce miracolosa!
Suo

25   Michele Riotta

***

Gent.ma Signora
Alma Corradi
c/o Xxxxx

| *meravigliarsi*, essere sorpresi da qualcosa

Via Xxxx, 101
Sanremo

Agrigento, 7 maggio 2000

Amica mia dolcissima,
Mi *azzardo* a farle una proposta.   5
   Potrei venire a trovarla un sabato pomeriggio, dovunque lei voglia.
   Potremmo così andare a cena la sera del sabato e quindi trascorrere insieme tutta la giornata di domenica.   10
   Me ne riparterei il lunedì mattina.
   Che ne dice?
   Attendo la sua risposta.
   Suo

Michele Riotta   15

* * *

Gent.ma Signora
Alma Corradi
Via Xxxxx, 47
Milano

Agrigento, 10 giugno 2000 20

Mia Regina,
Ho riconosciuto la sua voce prima ancora che lei pronunziasse il suo amato nome!
   L'ho pregata di ripetere lentamente quello che mi aveva appena detto perché ero in grado d'*afferrare* il 25

---

azzardarsi, rischiare a fare qualcosa
afferrare, prendere, capire

suono della sua voce, ma non il senso e il significato delle parole.

Che dirle?

Sono al settimo cielo!

5   Ripeto le sue *istruzioni*.

Prenotare subito una stanza all'Hotel Xxxxx.

Prendere sabato prossimo l'aereo che atterra a Malpensa alle diciotto.

Con un tassì, raggiungere l'albergo.

10 Alle 20,30 andare al ristorante Xxxxx dove ci sarà lei ad attendermi.

Rientrare in albergo separatamente.

Conto già da adesso non i giorni, ma i minuti che mi separano da lei.

15 Le bacio le mani.

Suo

Michele Riotta

Gent.ma Signora
Alma Corradi
20 Via Xxxxx, 98
Napoli

Agrigento, 16 giugno 2000

Amore mio,
senza di te le mie giornate sono assolutamente *in-*
25 *colori*.

Le poche ma intense ore milanesi trascorse accan-

---

istruzione, indicazione
prenotare, riservare
incolore, senza colori

to a te sono state un breve soggiorno nel *giardino dell'Eden*.

Riesco ancora a trattenere mira-
colosamente sulle mie il sapore
delle tue *labbra*.

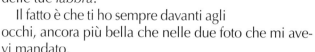

labbro

5

Il fatto è che ti ho sempre davanti agli
occhi, ancora più bella che nelle due foto che mi ave-
vi mandato.

Non riesco a pensare ad altro che a te.

Sono innamorato come un ventenne, l'altro giorno 10
mio nipote Giorgio mi ha sorpreso a cantare.

Non me ne sono vergognato.

Amore mio, ho riflettuto a lungo sulla tua proposta
la quale, mi hai detto che ti farebbe avere grossi van-
taggi sul tuo lavoro. 15

Tutto avrei immaginato di te, mia dolcissima, meno
che fossi una donna d'affari.

Essere *cointeressata* in ben dieci *gallerie d'arte*,
nove in Italia e una a Parigi, non è cosa da poco.

Il libretto che mi proponi di scrivere insieme, ma 20
che dovrebbe essere solo con la tua firma, sia ben
chiaro, avrebbe lo scopo di dare per sicuramente avvenuto il viaggio di Renoir a Girgenti.

Tu giustamente mi hai fatto osservare che non com-
piremmo un falso, in quanto seguiremmo in tutto e 25
per tutto la mezza paginetta di Jean.

Magari con la *testimonianza* di un vecchio contadino
al quale sua nonna avrebbe raccontato che ecc. e ecc.

---

giardino dell'Eden, giardino del Paradiso Terrestre
cointeressato, che, chi è coinvolto
galleria d'arte, luogo dove si mostrano opere d'arte
testimonianza, informazione data da chi ha visto o sentito un fatto
accaduto

31

Qualcosa di simile insomma a quello che è realmente capitato a me a Capistrano.

Tu m'hai inoltre garantito che la faccenda non andrebbe oltre, ma si fermerebbe qua.

5 A queste condizioni, ci sto.

E ci sto soprattutto per un motivo: perché tu mi hai detto che se io avessi risposto positivamente, saresti venuta ad Agrigento per una quindicina di giorni, mia ospite.

10 Ho già qualche idea a proposito del libretto.

Ora sta a te farmi sapere quando verrai.

Con tutto l'amore possibile ti bacia il tuo
Michele

***

Gent.ma Signora
15 Alma Corradi
Via Xxxxx, 47
Milano

Agrigento, 25 giugno 2000

Amore mio,
20 per stare in qualche modo sempre più vicino a te, almeno col pensiero, in questi giorni non ho fatto altro che *meditare* sulla presenza di Renoir e Aline a Girgenti.

Poiché apprendo con dolore che tu non potrai venire da me prima del 20 luglio, ti *anticipo* una parte

---

meditare, pensare
anticipare, dare/fare qualcosa prima del tempo

delle mie considerazioni che credo possano essere utili per il nostro libro.

Così tu intanto avrai modo di ragionarci sopra con tutta calma e, quando sarai qua, potrai discuterle con me. È un modo di guadagnare tempo. 5

Non vorrei infatti che tutti i quindici giorni ad Agrigento fossero interamente impegnati per il nostro comune lavoro.

Desidero invece che riusciamo a dedicare il maggior tempo possibile a noi due. 10

Per esempio, ho un grandissimo desiderio di trascorrere due-tre giorni con te a Taormina.

Mi pare che mi hai detto di non esserci mai stata.

Ma per ora pensiamo al nostro libro.

Noi sappiamo per certo che Renoir, il quale dove- 15
va inizialmente trattenersi ad Algeri solo quindici giorni per curarsi, decise, mentre si trovava là, di *prolungare* il suo soggiorno.

Perché prese questa decisione?

In quel periodo egli non sapeva restare a lungo 20
senza la sua Aline (era un po' nelle mie stesse condizioni, poveretto!).

Tant'è vero che nel corso del suo primo viaggio in Italia egli si fece raggiungere da lei a Capri e con Aline trascorse giorni felici (Vedi le sue lettere). 25

Perché non *ipotizzare* allora che il prolungamento del soggiorno algerino sia dovuto all'arrivo di Aline?

Renoir voleva che Aline con lui condividesse il piacere di stare tra gli italiani del sud, che tanto ama-

---

prolungare, prendere più tempo
ipotizzare, dire un'idea

va, perché non pensare che i due abbiano organizza-
to una veloce gita in Sicilia?

Dal pensiero dei giorni nei quali starai sotto il mio
stesso tetto, e ti vedrò quotidianamente vivere accan-
5 to a me, non sai quante altre idee mi vengono per il
libro!

Mio nipote Giorgio mi dice che in questi giorni
sono diventato troppo nervoso e mi consiglia di andare da un medico.

10 Non sa che l'unica medicina che possa farmi stare
bene sei tu!

Ti abbraccio forte.

Tuo

Michele

15 Gent.ma Signora
Alma Corradi
Via Xxxxx, 47
Milano

Agrigento, 10 luglio 2000

20 Amore mio,
dopo aver letto la tua lettera mi sono ritrovato col
volto bagnato di lacrime.

Piangevo di felicità.

Sapere che anche tu mi pensi ogni giorno e che
25 aspetti con *impazienza* il momento nel quale potrai
stringermi tra le braccia.

E l'idea che questo possa avvenire a breve mi rende pazzo di gioia.

---

impazienza, il contrario di pazienza

Sia benedetto Renoir!

E parliamo di lui perché se lo merita.

Dunque, tu mi scrivi che le mie proposte circa il viaggio di Renoir ti hanno pienamente convinto.

Grazie! 5

Tu giustamente mi fai notare che di ogni luogo che visitò in Italia, Renoir lasciò testimonianze nelle sue tele.

Perciò il fatto che il libretto taccia proprio su questo argomento, a tuo parere lo *renderebbe* debole. 10

Credo di avere avuto un'idea che risolverebbe il problema.

L'idea mi è nata ripensando a quello che tu mi domandasti: cos'è una trovatura?

Ti espongo la mia idea come se fosse un racconto. 15

Siamo nel 1960.

Un *professionista benestante* di queste parti, un medico, un avvocato svolgendo *indagini* sul soggiorno girgentano di Renoir, riesce per caso ad *individuare* la casetta dei contadini che al pittore e alla sua 20 moglie diedero generosa *ospitalità*.

Il professionista ci si precipita.

E apprende che il novantenne *proprietario*, nel 1882, cioè quando aveva 12 anni, era stato il ragazzino che portava il cavalletto e le tele di Renoir! 25

"Dipingeva?" gli domanda il professionista.

---

rendere, fare diventare
professionista, chi esercita una professione
benestante, ricco
indagine, esame
individuare, riconoscere qualcosa/qualcuno
ospitalità, accoglienza
proprietario, colui che possiede qualcosa

"Certo", gli risponde il vecchio.

"E i quadri che dipinse li portò con sé?"

"No."

"E dove li lasciò?"

5 "Qua."

Il professionista *sobbalza*, gli manca il fiato, ma si controlla, non vuole mostrare interesse, teme che il contadino si metta in sospetto.

Fa solo un'altra domanda:

10 "Si ricorda quanti erano?"

"Quattro."

Gli chiede allora se ha una qualche intenzione di vendere la casetta e il terreno.

15 Il vecchio risponde che forse venderebbe e forse no.

È già importante che non abbia detto chiaramente di no.

Il professionista lascia passare tre giorni e ci torna, 20 vuole convincere il contadino a vendere.

"Se lo beve un uovo fresco?" chiede a un certo momento il contadino per mostrarsi ospitale.

"Volentieri."

Accanto alla casa c'è un *recinto*, coperto, da un 25 *tendone*, pieno di *galline*.

Il contadino apre, entra, e il signore, che l'ha seguito, scopre che la *copertura* del *pollaio* è fatta dal tendone sì, ma sotto, ci sono anche le quattro tele di Renoir!

---

sobbalzare, fare un salto improvviso

copertura, qualcosa che copre qualcos'altro

pollaio, luogo dove si custodiscono galline, polli

tendone   *recinto*

gallina

Finge di avere un improvviso *giramento* di testa, cade per terra, il contadino corre in casa a prendergli un bicchiere d'acqua.

Così egli può guardare bene le tele.

Tre sono addirittura firmate.   5

Non rappresentano niente.

Solo l'azzurro del cielo girgentano.

Solo quello.

Il colore è di una intensità che fa mancare il fiato.

Siccome il contadino gli ha detto che ogni mattina 10
alle sette va a Vicenzella a vendere le uova, il giorno seguente il professionista appena lo vede uscire entra nel pollaio e *scatta* una serie di foto dei quadri.

fingere, fare finta
giramento, sensazione che la testa gira
scattare, qui: fare foto

37

Che per la mancanza di una luce adatta per la poca distanza, non vengono molto bene.

Ma servono a dare l'idea della bellezza degli originali.

5 Un giorno finalmente il contadino si decide a vendere.

A fare l'*atto* il professionista vuole che sia un notaio suo amico, al quale naturalmente tace l'esistenza dei quattro Renoir.

10 Davanti al notaio il contadino consegna le chiavi.

Quel pomeriggio stesso il nuovo proprietario corre alla casetta per prendersi i quadri.

Per poco non gli viene un infarto.

I quadri non ci sono più!

15 Non ci sono più i polli e la copertura.

Evidentemente il contadino li ha venduti a qualcuno non ritenendo che facessero parte della vendita.

Rintraccia il contadino che è andato a vivere in un paesotto vicino in casa di una figlia.

20 Il contadino gli dice che chi ha comprato i polli ha voluto anche la copertura del pollaio.

E gliene dà nome e indirizzo.

Il professionista lo va a trovare.

E scopre così che il nuovo padrone delle galline ha
25 tenuto come copertura solo il tendone.

"E i quadri?"

"Ah, quelli? Non mi servivano e li ho bruciati".

Ti piace, amore mio, questa storia?

Noi potremmo *trasferirla* nel libro come un rac-

---

atto, documento
rintracciare, cercare e trovare qualcosa/qualcuno
trasferire, mandare qualcuno/qualcosa in un altro luogo

conto fatto a te direttamente dal professionista che
però non vuole che sia rivelato il suo nome.

Che ne dici, mio amore tanto desiderato?
Sei contenta?

Ti abbraccia e ti bacia il tuo   5
                                   Michele

Alma Corradi
Corso Xxxxx, 304
Torino

Il 20 luglio alle ore diciotto sarò all'aeroporto Paler-   10
mo stop Non portare un minuto di ritardo stop Michele il più felice degli uomini

MEMORIALE

Sono Giorgio Riotta, nipote del notaio Michele, figlio
di un suo fratello e citato più volte nelle lettere.   15

Racconto i fatti *tragici* avvenuti seguendo un preciso ordine.

Il 13 giugno mattina, che era un sabato, mio zio
Michele mi comunicò che sarebbe dovuto partire
quel pomeriggio stesso per Milano, chiamato da un   20
cliente che gli era amico e al quale non si era sentito
di dire di no.

memoriale, scrittura di difesa
tragico, qualcosa che fa piangere o paura

Le sue parole mi sorpresero molto perché erano anni e anni che lo zio praticamente non si muoveva più da Agrigento, faceva un viaggio mensile, di un giorno o poco più, a Palermo.

5 Conoscendo la sua *avversione* per i viaggi in aereo, mi offersi di andare al posto suo (qualche volta era già accaduto). Ma egli rifiutò, sostenendo che si trattava di una specie di atto di fiducia tra lui e il cliente, e assicurandomi che sarebbe stato di ritorno
10 entro la tarda mattina del lunedì seguente.

Il che avvenne.

Solo che ebbi modo di notare subito come il carattere di mio zio fosse, dopo quel brevissimo viaggio, notevolmente cambiato.

15 Era sempre stato, sul lavoro, di una *pignoleria* talvolta *irritante*. Ebbene, dal giorno del suo rientro, cominciò ad essere *distratto* a tal punto da commettere errori. Certe volte si perdeva dietro a un suo pensiero da dimenticarsi di ciò che stava facendo.

20 Una volta lo sorpresi a cantare.

Per capire bene quello che sto scrivendo, è necessario sapere che mio zio era un uomo all'antica. Dopo la morte della moglie egli aveva rotto ogni relazione sociale.

25 Vederlo *agire* in un modo completamente diverso dell'abituale mi preoccupò al punto di suggerirgli di farsi vedere da un dottore.

---

avversione, antipatia per qualcosa/qualcuno
pignoleria, troppa precisione   *pussuie??*
irritante, che fa arrabbiare
distratto, chi non si accorge di qualcosa/qualcuno
agire, fare

Sorrise e pronunziò una frase che allora non capii: "Lo so io la cura che ci vorrebbe per me!"

Il 20 luglio mattina, in mia presenza, disse a Saverio, il suo autista, che in quello stesso pomeriggio l'avrebbe dovuto accompagnare a Palermo, all'aeroporto di Punta Raisi. Dovevano trovarsi lì per le 17,30. 5

Evidentemente andava ad aspettare l'arrivo di una persona. Non mi disse chi era.

Però, lo confesso, la novità era tale che non seppi resistere. E così, alle nove di sera, chiamai Saverio e 10 gli domandai notizie dello zio. Mi rispose che aveva appena finito d'accompagnarlo, assieme alla bella signora arrivata in aereo, nella sua villa dei Templi.

Quella notte non riuscii a dormire.

Chi poteva essere quella donna? 15

L'indomani mattina lo zio arrivò alle nove del mattino nello studio. Era come sempre molto curato nella persona.

Ma stavolta profumava di *dopobarba*.

Lui, che detestava i profumi d'ogni genere, tanto 20 che la povera zia Eugenia, sua moglie, aveva smesso d'adoperarli!

Mi resi conto, con *terrore*, che lo zio era di sicuro innamorato dell'ospite sconosciuta.

Quella mattina proprio non ci stava con la testa. A 25 un certo punto mi disse di continuare da solo perché aveva una faccenda da *sbrigare*. E si fece accompagnare da Saverio alla villa.

Quella sera raccontai tutto a mia moglie Giulia e

---

dopobarba, profumo che si mette dopo aver tagliato la barba
terrore, grande paura
sbrigare, fare le cose in poco tempo

lei mi suggerì un piano d'azione. Bisognava fare in modo di conoscere questa donna per farci un'opinione su di lei.

Così l'indomani, chiesi allo zio:

5 "Perché non ci fai conoscere la tua ospite? Potreste venire a cena da noi".

Capii che era irritato, purtuttavia non me lo dimostrò. Rispose che la sera lui e la sua amica, che era un'amante dell'arte, si dedicavano alla scrittura di un
10 libro sul soggiorno agrigentino del famoso pittore Renoir e, dato che lei si sarebbe potuta trattenere solo una diecina di giorni, non potevano permettersi il lusso di *sprecare* una serata.

Quel giorno stesso lo zio mi comunicò che, a parti-
15 re dal giorno seguente, avrebbe anticipato la vacanza.

Infatti è *consuetudine* che lo studio resti chiuso per tutto il mese di agosto.

Il 2 agosto, il giorno prima della partenza mia e di mia moglie per le vacanze, decidemmo di andare a
20 cena con una coppia d'amici in un ristorante appena fuori città. Mentre lo stavamo raggiungendo, i miei amici mi chiamarono al *cellulare* avvertendomi che avrebbero ritardato di una ventina di minuti. Il *parcheggio* del ristorante era pieno e così, mentre mia
25 moglie cercava dove lasciare l'auto, io entrai nel locale per informarmi se ci avevano dato un tavolo al chiuso. Preferivamo così. Appena dentro, *scorsi* lo zio e mi bloccai.

---

sprecare, gettare via
consuetudine, abitudine
cellulare, telefono che si porta con sé
parcheggio, luogo dove lasciare le macchine
scorgere, vedere da lontano

Era seduto a un tavolo, mi dava quasi le spalle. Davanti a lui una quarantenne *bionda* di una bellezza *inusuale*, elegantissima. In quel momento mia moglie mi raggiunse. Quindi anche lei poté osservare la don-
5 na. Arrivò un cameriere per guidarci al tavolo, ma io gli dissi che purtroppo non potevamo trattenerci. Uscimmo di nuovo fuori e aspettammo in silenzio l'arrivo dei nostri amici per recarci in un altro ristorante.

Tra i due correvano quasi trent'anni di differenza e
10 lo zio, chiaramente innamoratissimo, era ormai troppo anziano per una donna di così rara bellezza. Quella relazione insomma, quale che ne sarebbe stato il seguito, non avrebbe potuto che procurare grossi dispiaceri allo zio.

15 Decidemmo di ritardare di un giorno la partenza per le vacanze. Giulia trovò il modo d'incontrare da sole e separatamente le due cameriere, quella di città e quella di campagna, loro raccomandando caldamente di tenerci costantemente informati sullo zio. Io
20 invece parlai con Saverio e mi misi d'accordo con lui.

Partimmo con una certa *apprensione*.

Il 7 agosto sera, verso le 22, mi telefonò Saverio dicendomi che aveva accompagnato lo zio e la signora a Punta Raisi, che la signora aveva preso il volo
25 per Milano e che lo zio, il quale appariva molto dispiaciuto per quella partenza, si era fatto riportare alla villa dei Templi.

Allora decisi di chiamarlo. Erano le ventidue e

---

biondo, colore chiaro di capelli
inusuale, non comune
apprensione, stato di inquietudine

trenta. Non ebbi risposta. Pensai che lo zio se ne era andato a dormire.

Senonché, verso le 10 del mattino del giorno dopo, mia moglie ricevette un'*inattesa* e agitatissima telefonata di Saverio (il mio cellulare era spento) il quale ci [5] chiamava per dirci che i ladri avevano *svaligiato* la villa e che lo zio era *introvabile*.

"Che significa che zio Michele è introvabile?" chiese mia moglie.

"Che l'abbiamo cercato non solo nella villa, ma [10] nello studio e nella casa di città. Dovunque. Non c'è. Nessuno l'ha più visto dopo che l'ho riaccompagnato da Palermo."

Ci precipitammo all'aeroporto per rientrare in Italia. Ma trovammo posto solo in un volo del giorno [15] seguente.

Quando arrivammo, il commissario Bonifazi ci confermò la *sparizione* dello zio. L'opinione del commissario era che si trattava di un furto seguito da un *sequestro* di persona. Il notaio Riotta era considerato, [20] a ragione, un uomo ricco. Quindi il mio compito era di controllare cosa era stato *asportato* dalla villa e subito dopo andare a casa mia in attesa di una telefonata dei *sequestratori*.

Notai subito un fatto curioso e lo *segnalai* al com- [25]

---

inatteso, che non ci si aspetta
svaligiare, rubare qualcosa da un luogo
introvabile, che non si può trovare
sparizione, scomparsa di qualcuno/qualcosa
sequestro, privazione della libertà di una persona
asportare, portare via qualcosa
sequestratore, colui che toglie la libertà ad una persona
segnalare, indicare

missario. Non era stato portato via niente. Nella villa lo zio aveva uno studiolo. Era lì che i ladri si erano dati da fare. Il disordine era *indescrivibile*. Non fui in grado di dire al commissario quali carte i ladri avessero portato via, in quella stanza ci ero entrato al massimo quattro o cinque volte.

Dopo un due ore che ero tornato a casa, mentre quelli della polizia erano *indaffarati* a mettere sotto controllo il mio telefono, si presentò Saverio con in mano la valigetta di un computer. Era quello dello zio, lo portava sempre con sé. Se l'era dimenticato in macchina.

Trascorsi una decina di giorni senza avere ricevuto notizie dei *rapinatori*, il commissario ed io arrivammo alla *conclusione* che il povero zio forse aveva riconosciuto i ladri. E che questi l'avevano assassinato gettando il corpo, chissà perché, in qualche *pozzo*.

Lo studio si riaprì, come al solito, il primo settembre. E dovetti, in tutto, sostituire il *titolare*.

Un giorno al commissario, al quale avevo naturalmente raccontato la storia dell'innamoramento di mio zio, venne l'idea che egli, appena tornato nella

pozzo

---

indescrivibile, che non si può descrivere
indaffarato, pieni di cose da fare
rapinatore, colui che usa la violenza per rubare
conclusione, risultato
titolare, colui che possiede qualcosa

villa, si era *persuaso* di non poter vivere senza la sua donna, aveva chiamato un taxi e si era fatto accompagnare all'aeroporto di Palermo o di Catania per raggiungere il suo amore.

Bastò una telefonata. Nessun aereo partiva dopo le 5 dieci di sera. E lo zio era rientrato da Punta Raisi alle 21,30. Mai avrebbe potuto prendere il volo delle 22.

Poi mi ricordai del computer.

E dentro ci trovai le lettere che lo zio aveva scritto a Alma Corradi. Le lessi e arrivai alla conclusione: i 10 ladri avevano cercato nello studiolo della villa le lettere di Alma a mio zio. Perché in quelle lettere c'era qualche *traccia* che avrebbe potuto mettere la polizia sulle *piste* di lei. A cominciare dal ritratto fattole da Guttuso. Quindi, se le cose stavano così, non c'era 15 dubbio sulla *complicità* della donna coi ladri.

Ma tutta la faccenda, comunque, mi appariva priva di senso. O almeno, un senso doveva esserci, solo che io non riuscivo a scoprirlo.

Feci una *copia* delle lettere e la consegnai al commissario. Dopo quattro giorni egli venne nello studio 20 e mi comunicò una cattiva notizia.

Tutti gli indirizzi privati che Alma aveva dato allo zio, anche quello di Parigi, non erano di abitazioni, ma di *distributori di benzina* o di *edicole* che la donna, evidentemente a pagamento, usava di volta in vol- 25

---

persuadere, convincere
traccia, indicazione da seguire
pista, traccia
complicità, intesa fra più persone
copia, riproduzione di una cosa
distributore di benzina, luogo dove si vende benzina
edicola, luogo dove si vendono giornali

ta come recapito. Lo stesso per gli alberghi. In quanto al ritratto di Guttuso, quasi certamente si trattava di un falso del quale lo zio non si era accorto, troppo preso com'era dall'immagine che rappresentava.

5 Infine il commissario mi disse che lo zio aveva dormito due notti, il 13 e il 14 giugno, nell'hotel Xxxxx di Milano, ma che non risultava, per quelle stesse due notti la presenza di Alma. Probabilmente la donna era entrata in albergo per andare a trovare lo zio pas-
10 sando dal *garage*, dal quale attraverso una scala si arriva all'interno dell'hotel.

In conclusione: la donna era una *truffatrice* che agiva con un *complice* rimasto nell'ombra.

Lessi e rilessi le lettere di Alma.

15 Ma cosa cercava veramente?

Chiaro il libro in comune era solo un *pretesto*.

Fu mia moglie a capire che Alma e il complice, va a sapere come e perché, si erano convinti che mio zio fosse in *possesso* di alcune tele dipinte da Renoir
20 durante il soggiorno agrigentino. A persuaderli era stata l'ultima lettera, quella dove lo zio, abbastanza realisticamente, racconta come un professionista entri in possesso di quattro dipinti del pittore. Sicuramente erano a conoscenza che lo zio quella casetta
25 l'aveva comprata davvero, ma la cosa era andata proprio come l'aveva scritta ad Alma: solo per fare un'opera di bene.

garage, luogo riparato dove stanno le automobili
truffatrice, donna che inganna
complice, chi partecipa con altri ad azioni disoneste
pretesto, scusa per dire/fare qualcosa
possesso, proprietà

Quindi Alma arriva col proposito di fare confessare allo zio, dove tiene nascoste le tele, *impadronirsene* e far distruggere dal complice tutte le sue lettere.

Ma purtroppo deve ripartirsene a mani vuote. I quadri di Renoir non esistevano. 5

Fu a questo punto che il commissario Bonifazi avanzò un'altra ipotesi sulla scomparsa dello zio. E cioè che i ladri fossero entrati nella villa mentre egli con Alma viaggiava alla volta di Palermo e che lo zio, appena rientrato, si fosse accorto che i ladri avevano 10 *messo a soqquadro* lo studiolo. Ci mette poco a rendersi conto che sono state rubate solo le lettere di Alma. Perché? Ragionandoci sopra, arriva all'unica conclusione possibile e cioè che Alma non aveva altro scopo che quello di *sottrargli le* tele di Renoir che 15 credeva in suo possesso. Preso dalla disperazione si *suicida* gettandosi a mare.

Così come era scomparso lo zio, anche Alma risultava introvabile. A conti fatti, l'unica persona che aveva avuto modo di osservarla a lungo era la cameriera 20 della villa. Con l'aiuto della polizia *tracciò* un identikit. Ma in tutto questo tempo Alma aveva avuto modo di cambiare colore dei capelli e degli occhi… Con molta possibilità adesso si trovava all'estero.

Le cose stavano a questo punto quando, il 20 settembre, dovetti ordinare a un nostro *impiegato* per la 25

---

impadronirsi, prendere possesso di qualcosa
mettere a soqquadro, fare un grande disordine
sottrarre, togliere qualcosa da dove sta
suicidarsi, togliersi la vita
tracciare, disegnare
impiegato, chi lavora in ufficio

questione di una *bol-
letta* che dicevano non
pagata, una sorta d'*in-
ventario* di tutte le carte
5 private che lo zio tene-
va in un *armadio* del
suo ufficio.

Dopo un paio di gior-
ni, entrato nell'ufficio
10 per prendere un atto, mi
accorsi che l'impiegato
stava guardando le carte
dal 1970 al 2000 intitola-
te alla villa dei Templi.
15 L'occhio mi cadde su un
fascicolo grigio "lavori importanti 1980".

fascicolo

armadio

Mi tornò a mente che quell'anno io l'avevo tra-
scorso ospite dallo zio, tra la casa di città e la villa di
20 campagna, e non ricordavo che fossero stati fatti lavori importanti in quest'ultima. Avvertii l'impiegato
che mi portavo il fascicolo a casa e che glielo avrei
riconsegnato il giorno seguente.

Il primo foglio riportava la cifra totale del lavoro:
25 una spesa *pazzesca*. I lavori erano durati tre mesi.
Erano stati eseguiti nel periodo giugno-agosto, proprio quando lo zio aveva tanto insistito perché io an-
dassi a Londra a studiare l'inglese e mi aveva convinto. Non mi voleva tra i piedi durante i lavori.

---

bolletta, foglio dove sta scritta una somma da pagare
inventario, catalogo
pazzesco, che è al di fuori del buon senso

A farla breve: lo zio si era fatto costruire un *caveau sotterraneo*. La piccola porta era nascosta dietro un'enorme *botte* ormai vuota.

Una piccola busta conteneva due piccole chiavi.

L'indomani mattina andai in *commissariato* e raccontai tutto al dottor Bonifazi. Fu così gentile da chiedermi d'accompagnarlo alla villa.

botte

Il commissario aprì la porticina del caveau con le due chiavi. Dentro la luce era accesa. Il commissario fece per entrare, ma *arretrò* con un balzo.

Aveva visto un corpo umano.

Io capii che si trattava dello zio dal vestito che indossava.

Lo zio era morto per infarto, probabilmente appena aveva sentito chiudersi la porta del caveau e si era reso conto della fine che avrebbe fatto.

Nella parete di fronte alla porticina d'ingresso c'erano quattro *faretti* che avrebbero dovuto illuminare altrettante tele che non c'erano più.

Alma e il suo complice avevano visto giusto. Lo zio aveva realmente trovato le quattro tele di Renoir. Il professionista del racconto che egli fa nell'ultima lettera sul ritrovamento dei quadri, non era altri che lui stesso. E le cose erano certamente andate come le aveva scritte ad Alma.

---

caveau, ambiente sottoterra ben custodito da porte chiuse
sotterraneo, stanza sottoterra,
commissariato, luogo dove risiede la Polizia
arretrare, fare passi indietro
faretto, piccola luce

Solo il finale, nella realtà, era stato diverso. Il compratore del pollaio non aveva bruciato le tele, ma le aveva *restituite* allo zio credendole di nessun valore. O forse il compratore del pollaio non era mai esistito.

Secondo il commissario Bonifazi i fatti erano andati così. Alma era riuscita a fare ammettere al povero vecchio di possedere le tele di Renoir e farsi aprire il caveau per ammirarle. Poi aveva telefonato al complice la mattina della sua partenza, il 7 agosto, dicendogli di andare alla villa dei Templi quella sera stessa.

Il complice arrivato ad Agrigento con auto *noleggiata* all'aeroporto, ha così modo di vedere lo zio che entra nella villa di ritorno dall'avere accompagnato Alma e l'autista che se ne riparte. Entra in casa convincendo lo zio ad aprirgli, magari *spacciandosi* per un amico di Alma all'oscuro della sua partenza e il gioco è fatto. Ad ogni modo, si fa consegnare le chiavi del caveau, si impossessa dei quadri, richiude il caveau con lo zio dentro, va nello studiolo, prende le lettere di Alma e se ne torna da dove è venuto con la macchina.

I quadri, fino a questo momento, non sono stati ritrovati.

In fede mi firmo

Giorgio Riotta

restituire, dare indietro qualcosa a qualcuno
noleggiare, prendere in prestito un'automobile
spacciarsi, dire di essere qualcun altro

Agrigento, 20 ottobre 2000

QUESTURA DI AGRIGENTO

N°. 6784/G
OGGETTO: Indagini caso Renoir

Al dottor   5
Lorenzo Paglia
Giudice indagini *preliminari*
Palazzo di Giustizia
Agrigento

Agrigento, 14 novembre 2000 10

Ill.mo. Signor Giudice
Il 15 ottobre mi venne l'idea di far mettere per iscritto, a tutti coloro, che in un modo o nell'altro avevano avuto a che fare col notaio Riotta nei giorni dell'arrivo di Alma Corradi. Il loro ricordo di quegli 15
avvenimenti.

Così l'autista Saverio Panzeca mise su carta i viaggi fatti col notaio e la donna da e per Palermo con gli orari di partenza e d'arrivo; la cameriera della villa *dettò* (non sa scrivere) un rapporto sulle abitudini, anche sessuali, della coppia e sulla scoperta dello svaligiamento della villa e della scomparsa del notaio ecc. ecc.

---

questura, ufficio di direzione della Polizia
giudice, colui che in tribunale giudica
preliminare, qualcosa che viene fatta prima
illustrissimo, molto importante
dettare, dire a qualcuno qualcosa da scrivere

Il dottor Giorgio Riotta, il nipote, mi presentò il memoriale che *allego* assieme a una copia delle lettere del notaio da lui fornitami.

Rilevai che il dottor Riotta, che sempre esprime giustamente le sue supposizioni su fatti ai quali non ha assistito sotto forma di ipotesi, su un particolare episodio si mostra, nel suo memoriale, estremamente sicuro di quanto *afferma*.

Egli scrive che Alma Corradi:

aveva telefonato al complice la mattina della sua partenza, i 7 agosto, dicendogli di andare alla villa quella sera stessa. Il complice, arrivato ad Agrigento con un'auto noleggiata all'aeroporto…

Mi colpì, lo ripeto, queste affermazioni.

Su quali basi il dottor Riotta fondava la sua *asserzione* che la Corradi aveva telefonato al complice la mattina del giorno 7?

Prendendo per buone le sue parole, mi sono affrettato a fare un'indagine presso le sedi Avis degli aeroporti di Catania e di Palermo per sapere quante auto erano state noleggiate nella giornata del 7.

Naturalmente mi venne fornito nome e indirizzo dei clienti. Bastarono due giorni per escludere nel modo più assoluto che qualcuno di coloro che avevano noleggiato le auto potesse essere il complice.

Quindi il dottor Riotta si sbagliava: il complice era venuto con la sua auto.

Rilessi ancora una volta il suo memoriale e mi accorsi di un'altra *incongruenza*:

allegare, aggiungere qualche documento a qualcosa
affermare, dire con sicurezza
asserzione, frase detta con sicurezza
incongruenza, frase/episodio che non corrisponde

…verso le 10 del mattino del giorno dopo, mia moglie ricevette un'inattesa e agitatissima telefonata di Saverio (il mio cellulare era spento) il quale ci chiamava per dirci che i ladri avevano svaligiato la villa e che lo zio era introvabile.

"Che significa che lo zio Michele è introvabile?" chiese mia moglie.

"Che l'abbiamo cercato non solo nella villa, ma nello studio e nella casa di città. Dovunque. Non c'è. Nessuno l'ha più visto dopo che l'ho riaccompagnato da Palermo."

Ci precipitammo all'aeroporto per rientrare in Italia. Ma trovammo posto solo su un volo del giorno seguente…

Di seguito la dichiarazione dell'autista Saverio Panzeca in merito a questa telefonata:

Telefonai che potevano essere le dieci del mattino al signor Giorgio ma il telefonino era spento. Allora chiamai la signora Giulia sua moglie e le domandai dove si trovava il signore Giorgio e lei mi rispose che si trovava accanto a lei e allora io le dissi di passarmelo ma la signora mi disse che dicevo intanto a lei e io le dissi che il notaio non si trovava in nessun posto…

L'incongruenza è questa: la signora Giulia, apprendendo dall'autista un fatto gravissimo come la scomparsa del notaio, non passa il suo cellulare al marito che pure afferma trovarsi accanto a lei. E Giorgio, pur sentendo la moglie pronunziare la frase "che significa che lo zio Michele è introvabile?", non si muove, non le strappa il cellulare dalle mani per parlare direttamente coll'autista.

Non sembra anche a lei un comportamento strano?

Ragionando a lungo su questa incongruenza, sono venuto a una sola spiegazione possibile.

Il dottor Giorgio Riotta, al momento della telefonata dell'autista, non era accanto alla moglie.

5 E perché invece essa affermava il contrario?

Per fornire una sorta di *alibi* al marito che invece si trovava altrove e non bisognava farlo sapere a nessuno.

A questo punto avanzai una supposizione: e se il
10 dottor Riotta si trovava in viaggio diretto alla Canarie, e precisamente a San Juan de Tenerife, dove era andato a trascorrere le vacanze?

Capisco che la frase è alquanto confusa. Provo a chiarire.

15 Il dottor Riotta ci spiega come ha agito il complice della Corradi.

Mi sono domandato: non è possibile che dietro a questo atteggiamento ci sia un tentativo di *depistaggio*?

20 A mio parere, il complice della Corradi potrebbe essere il dottor Riotta.

Ricostruisco (sempre per ipotesi).

Il dottor Riotta, in uno dei viaggi in Italia che fa per conto dello zio, incontra Alma Corradi e la persuade
25 a partecipare a un piano per *derubare* il notaio dei Renoir che sono in suo possesso.

Sono più che certo che il notaio gli abbia detto lui stesso di possedere il Renoir e di averglieli addirittura mostrati nel caveau.

alibi, qualcosa che serve a dimostrare impossibile qualcos'altro
depistaggio, falsa indicazione
derubare, togliere qualcosa a qualcuno di nascosto

La Corradi accetta.

Di questo piano è *al corrente* anche la moglie del Riotta.

Il seguito lo sappiamo dalle lettere.

Giorno 7 mattina la Corradi telefona al Riotta avvertendolo che è in partenza. 5

Riotta prende un aereo da San Juan de Tenerife a Palermo. Piglia la sua auto lasciata al parcheggio e *prosegue* per Agrigento dove arriva non la sera, ma a mezzanotte passata. 10

Bussa al portone della villa facendosi riconoscere. Lo zio, che non ha nessun motivo di sospettare di lui, gli apre.

Credo che il notaio sia morto d'infarto non appena ha capito le intenzioni del nipote e che questi abbia 15 nascosto il cadavere nel caveau per complicare le indagini.

Ad ogni modo prese le tele, le mette in macchina e le porta nella sua casa di Agrigento. Quindi ripiglia la strada per Palermo e riparte per San Juan de Tenerife. 20

E vengo al *movente*.

Dopo una breve indagine, sono venuto a sapere che Giorgio Riotta è un giocatore d'azzardo e ha perso cifre enormi.

Insomma, Giorgio Riotta si trova in una situazio- 25 ne disperata che la vendita dei Renoir potrebbe risolvere.

Arturo Bonifazi
(Commissario capo)

---

essere al corrente, essere informati
proseguire, continuare
movente, ragione

QUESTURA DI AGRIGENTO

N°. 6784/G
OGGETTO: Indagini caso Renoir

Al dottor
5 Lorenzo Paglia
Giudice indagini preliminari
Palazzo di Giustizia
Agrigento

Agrigento, 18 dicembre 2000

10 Ill.mo. Signor Giudice
Ho dato disposizioni affinché fosse effettuato un *pedinamento* del Riotta.

Pedinamento che in verità non ha portato a nessun risultato.

15 Senonché, la domenica, il dottor Riotta, che era andato a messa con la moglie, si accorgeva di essere pedinato.

L'indomani il dottor Riotta veniva nel mio ufficio piuttosto arrabbiato domandandomi spiegazioni. Io
20 però rispondevo che il pedinamento era stato ordinato per sua protezione in quanto avevo ricevuto una telefonata da una voce femminile che aveva pronunziato minacce contro di lui.

Al che il dottor Riotta *sbiancava*. Penso che abbia
25 creduto vera quella telefonata, attribuendola alla Corradi.

---

pedinamento, inseguimento di qualcuno di nascosto
sbiancare, diventare pallido, bianco

Il giorno 15 ore 11 del mattino, il dottor Riotta mi telefonava avvertendomi che il giorno seguente sarebbe dovuto andare a Milano.

Alla mia domanda con che mezzo avrebbe effettuato il viaggio, rispondeva che avrebbe fatto uso della propria macchina. Aggiungeva che si sarebbe trattenuto al massimo due giorni.

I Riotta posseggono tre auto. Una multipla Fiat, una Ferrari e una Smart che adopera solo la signora.

Alle sette del mattino del 16 l'agente che *sorvegliava* l'abitazione ci ha comunicato che il Riotta, da solo, aveva appena lasciato il suo garage con la multipla.

Sulla Enna-Catania abbiamo *agganciato* l'auto del Riotta e ci siamo sempre mantenuti a una certa distanza.

Durante il viaggio fino a Messina mi sono più volte domandato perché il Riotta avesse preferito la multipla alla Ferrari. Sono infine arrivato a un'ipotesi: aveva scelto la multipla per un problema di spazio.

Lo spazio cioè necessario alle quattro tele di Renoir che di certo portava con sé.

L'*ispettore* Crapanzano, nel salire sul *traghetto* Messina-Villa San Giovanni fece in modo che la nostra macchina si venisse a trovare a una breve distanza da quella del Riotta.

traghetto

---

sorvegliare, fare attenzione a qualcuno/qualcosa
agganciare, entrare in contatto con
ispettore, personaggio importante della Polizia

Il quale, come avevo previsto, non abbandonò in nessun momento la sua macchina.

Allora dissi all'ispettore, che non era conosciuto dal Riotta, di uscire e fare in modo, passando, di con-
5 trollare se c'era qualcosa nella macchina.

L'ispettore, quando tornò, mi riferì che c'era un pacco molto largo o qualcosa di simile.

Erano i quadri di Renoir?

Allora mi colse il dubbio che il Riotta stesse *gab-*
10 *bando*ci.

Telefonai in Questura e mandai, un agente che conosceva la signora, a controllare se era in casa e se la Ferrari si trovava ancora in garage.

Sfortuna volle, ma questo l'apprendemmo dopo,
15 che l'agente, nell'entrare con la macchina di servizio dentro il quartiere, *sfiorasse* la Smart della signora Rioatta che stava uscendo. Naturalmente la signora riconobbe l'agente, perché era lo stesso del pedinamento del marito, e gli domandò cosa volesse.

20 Intanto noi, *ignari* dell'accaduto, proseguivamo.

Ma ormai ero convinto che il Riotta avrebbe tranquillamente proseguito per Milano dove, ne ero sicuro, si sarebbe dovuto incontrare con la Corradi.

Con un po' di fortuna, avremmo potuto prenderli
25 tutti e due.

Ma le cose andarono diversamente.

A un certo punto Riotta *accelerò* di colpo.

Pensai che eravamo stati scoperti. Ma in realtà, an-

---

gabbare, prendere in giro, ingannare
sfiorare, toccare leggermente
ignaro, chi non sa qualcosa
accelerare, aumentare la velocità

Tir

che questo l'apprendemmo dopo, il Riotta aveva ricevuto una telefonata della moglie che l'avvertiva
dell'incidente avuto poco prima col nostro agente. Il
Riotta cominciava a prestare particolare attenzione
alle macchine che stavano dietro alla sua e finiva con 5
l'individuarci.

Come avrebbe potuto sfuggire su un'autostrada?

La multipla, davanti a noi, accelerò al massimo
della sua velocità. E noi dietro.

Dopo una ventina di minuti c'erano dei lavori in 10
corso, e perciò si viaggiava verso nord su una sola
corsia. Vedendo che davanti a lui non c'era in quel
momento nessuno, il Riottta accelerò ancora. Ma

---

corsia, parte destra e sinistra di guida della strada

sbandò e prese in pieno la fila di *coni* di ferro per i lavori.

E tutto a un tratto qualcosa che sul momento non capii cosa fosse, una specie di lungo *cilindro* bianco,
5 si staccò da sotto della macchina.

Dallo specchietto vidi che il cilindro veniva *schiacciato* da un mezzo *cingolato*.

Tornai a guardare avanti.

E allora capii, dal modo come portava la macchi-
10 na, che il Riotta voleva mettere in atto un'idea *folle*. *Invertire* il senso di marcia passando nell'altra corsia.

Probabilmente, non essendosi accorto che l'oggetto caduto dalla sua macchina era andato a finire sotto
15 un cingolato, voleva tornare indietro nella speranza di riprenderlo.

Il Riotta entrò nell'altra corsia e subito fu *investito* in pieno da un *Tir*.

Appena il traffico si bloccò, corremmo verso i resti
20 della multipla, a una ventina di metri da noi.

Il Riotta era evidentemente morto sul colpo.

All'interno della macchina c'erano moltissimi fogli. E che, nelle intenzioni del Riotta, ove lo avessimo fermato, avrebbero dovuto dimostrare che effettiva-
25 mente si recava a Milano per lavoro.

Fu allora che capii che le tele erano state dentro quel lungo cilindro bianco.

---

sbandare, perdere il controllo
schiacciare, distruggere con il peso
folle, pazzo
invertire, girare il senso di marcia/guida
Tir, vedi illustrazione, pag. 61
investire, colpire qualcuno con violenza

cono

cilindro

cingolato

63

Con l'aiuto di un'auto della polizia di Salerno siamo risusciti a tornare sul posto dove il contenitore si era staccato.

Non ne esisteva più traccia.

5 Siamo riusciti a trovare solo un pezzetto di tela dipinto d'azzurro, di cm 5 x 7, un pezzo di cielo rubato.

Giulia Riotta, arrestata per complicità, ha confessato tutto.

10 Credo che a breve si potrà giungere all'identificazione di Alma Corradi e a procedere al suo arresto.

Arturo Bonifazi
(Commissario Capo)

Domande:

1. Quale professione è quella di Michele Riotta?
2. In quale città vive Michele Riotta?
3. Che cosa riceve un giorno Michele Riotta?
4. Come si chiama la capitale della Sicilia?
5. Perché una donna scrive a Michele Riotta?
6. Come si chiama la donna e dove vive?
7. Dove si incontrano i due?
8. Come si chiama il nipote di Michele Riotta?
9. Quali sono i sentimenti di Michele Riotta verso la donna?
10. Com'è fisicamente la donna?
11. Perché Giorgio Riotta ha bisogno di denaro?
12. Perché il commissario non crede al racconto del nipote?
13. Come ha trovato Michele Riotta le famose tele?
14. Chi ha dipinto le tele?
15. Dove ha nascosto le tele Michele Riotta?
16. Che cosa rappresentano le tele?
17. Che cosa accade a Michele Riotta?
18. Dove deve andare un giorno il nipote?
19. Dove viene ritrovato Michele Riotta?
20. Quante automobili possiede il nipote?
21. Che cosa perde il nipote dalla sua automobile?
22. Che fine fa il nipote?
23. Che lavoro devono fare insieme la donna e Michele Riotta?
24. Dove vorrebbe portare la donna Michele Riotta?
25. Che cos'è e dove si trova la Valle dei Templi?
26. Che cosa hanno portato via i ladri dalla villa?

Attività:

1. Trova gli errori di scrittura nel testo riportato sotto; dopo aver trovato gli errori, controlla nel testo.

Agrigento, 25 giugno 2000

Amore mio,
per stare in qualce modo sempre più vicino a te, almeno col pensiero, in questi giorni non ho fatto altro che *meditare* sula presenza di Renoir e Aline a Girgenti.

Poiché aprendo con dolore che tu non potrai venire da me prima del 20 luglio, ti *anticipo* una parte dele mie considerazioni che credo posano essere utili per il nostro libro.

Così tu, intanto, avrai modo di ragionarci sopra con tutta calma e, quando sarai qua, potrai discuterle con me. È un modo di guadagnare tempo.

Non vorei infatti che tuti i quindicci giorni ad Agrigento fossero interamente impegnati per il nostro comune lavoro.

Desidero invece che riusciamo a dedicare il maggior tempo possibile a noi due.

Per esempio, ho un grandissimo desiderio di trascorere due-tre giorni con te a Taormina.

Mi pare che mi hai detto di non eserci mai stata.

Ma per ora pensiamo al nostro libro.

Noi sapiamo per certo che Renoir, il quale doveva inizialmente trattenersi ad Algeri solo quindici giorni per curarsi, decise, mentre si trovava là, di *prolungare* il suo sogiorno.

Perché prese questa decisione?

In quel periodo egli non sapeva restare a lungo senza la sua Aline (era un po' nelle mie stese condizioni, poveretto!).

Tant'è vero che nel corso del suo primo viagio in Italia egli si fece ragiungere da lei a Capri e con Aline trascorse giorni felici (Vedi le sue letere).

2. Se siete in più persone, potete fare un dettato, leggendo un brano dal testo del libro.

3. Inserisci la parola giusta nella frase giusta senza prima confrontare il testo del libro;
    controllare il testo.

commettere - dietro - rientro - sorpresi - capire - suo - moglie - stato - zio - aereo - capii - rotto - dottore - cura - sorpresero - rifiutò - diverso - scrivendo - assicurandomi - cliente - nipote - avvenuti - specie - che - muoveva - figlio - ebbi - dovuto - sabato - si - sua - faceva

MEMORIALE

Sono Giorgio Riotta, ….. del notaio Michele, ….. di un suo fratello e citato più volte nelle lettere.

Racconto i fatti tragici ….. seguendo un preciso ordine.

Il 13 giugno mattina, che era un ….., mio zio Michele mi comunicò che sarebbe ….. partire quel pomeriggio stesso per Milano, chiamato da un ….. che gli era amico e al quale non si era sentito di dire di no.

Le sue parole mi ….. molto perché erano anni e anni che lo zio praticamente non si ….. più da Agrigento, ….. eccezione un viaggio mensile, di un giorno o poco più , a Palermo.

Conoscendo la ….. avversione per i viaggi in ….., mi offersi di andare al posto ….. (qualche volta era già accaduto). Ma egli ….., sostenendo che ….. trattava di una ….. di atto di fiducia tra lui e il cliente, e ….. che sarebbe stato di ritorno entro la tarda mattina del lunedì seguente.

Il ….. avvenne.

Solo che ….. modo di notare subito come il carattere di mio zio fosse, dopo quel brevissimo viaggio, notevolmente cambiato.

Era sempre ….., sul lavoro, di una pignoleria talvolta irritante. Ebbene, dal giorno del suo ….., cominciò ad essere distratto a tal punto da ….. errori. Certe volte si perdeva ….. a un suo pensiero da dimenticarsi di ciò che stava facendo.

Una volta lo ….. a cantare.

Per ..... bene quello che sto ....., è necessario sapere che mio ..... era un uomo all'antica. Dopo la morte della ..... egli aveva ..... ogni relazione sociale.

Vederlo agire in un modo completamente ..... dell'abituale mi preoccupò al punto di suggerirgli di farsi vedere da un ......

Sorrise e pronunziò una frase che allora non .....: "Lo so io la ..... che ci vorrebbe per me!"

4. Qual' è la forma dell'infinito dei seguenti verbi:

sorpresi:

dice:

trascorse:

fosse:

avvenuti:

accorto:

messo:

spento:

dipinto:

scorsi: